Unser Sandmännchen

Gute-Nacht-Geschichten

Erzählt von Hannes Hüttner
und Martina Maus
mit Originalbildern aus den
Sandmann-Abendgruß-Filmen

TESSLOFF

Das zerbrochene Rad

Erzählt von Hannes Hüttner

Heute fährt der Sandmann mit seinem Rübenrenner zu Artur, Emil und Pummelchen in den Kürbiswald. Sein Auto ist schnell, aber er hat ein wenig Mühe mit den Rädern. Er muss das rechte Vorderrad noch einmal festschrauben.

Danach nimmt er Anlauf und saust den Weg zum Kürbiswald so schnell hinunter, dass er fast seine Zipfelmütze verliert. Er kann sie aber gerade noch mit einer Hand festhalten.

Plötzlich gibt es einen Hops. Er fährt mit dem rechten Vorderrad an das Kürbishaus, so dass das Rad zerbricht. Erschrocken schaut die Raupe aus dem Fenster. Sie war gerade eingeschlafen.

„Eile mit Weile!", sagt sie. Raupen haben es ja nie eilig, aber dafür wissen sie immer einen guten Spruch. Nun kann der Sandmann sehen, wie er das Rad wieder in Ordnung bringt!

„Hallo, Sandmann", ruft da Pummelchen, der Igel. „Ich habe hier eine wunderbare Kastanie gefunden. Daraus könnte man ein Rad bauen. Soll ich sie dir bringen?" Pummelchen findet oft etwas, er hat ja immer die Nase auf dem Boden.

Und noch ehe der Sandmann Ja oder Nein sagen kann, haben Artur und Emil die Sache schon in die Hand genommen. Sie bohren ein Loch in die Kastanie und befestigen sie auf der Achse. Ein Auto mit drei Rädern und einer Kastanie? Aber es rollt!

Dann findet Pummelchen noch eine Milchbüchse und leckt sie aus. Dazu fällt ihm etwas ein: „Daraus machen wir eine Hupe!" Probeweise setzt er sich die Büchse auf die Schultern und ruft: „Ööööp, öööp!", wie die Hupen so machen. Klingt gut.

Aber jetzt kriegt er die Büchse nicht mehr von seinen Schultern. Eine Büchse ist eigensinnig. Einmal auf dem Kopf, will sie nicht wieder herunter. Das ist mein Kopf, denkt sie! "Ööööp!" schreit der Igel.

Er zerrt und bums, liegt er auf dem Weg, weil man ja im Dunkeln nichts sieht. Da kriegt er es mit der Angst zu tun. Wenn ihn nun niemand findet und er ganz lange in der Büchse stecken muss? „Hilfe!", schreit Pummelchen.

Da fassen seine Freunde schnell zu: Vorne zieht der Sandmann und hinten zerren Artur und Emil. „Bums!", geht es und sie haben Pummelchen befreit. Der hat noch einen Klecks Milchreis auf der Nase. Der war wohl vorher in der Büchse.

Jetzt sind sie alle froh im Kürbiswald. Sie haben den Wagen vom Sandmann repariert und ihren Freund Pummelchen aus der Not gerettet. Wer will denn auch schon mit einer Büchse überm Kopf umherlaufen?

Der Sandmann muss sich sputen, denn er will noch viele andere Kinder besuchen! Er wünscht den Kürbiskindern eine gute Nacht, dankt allen für ihre Hilfe und verabschiedet sich: „Schlafet all in guter Ruh, doch macht dabei die Augen zu."

Der Sandmann umarmt alle noch einmal, denn das gehört zum Abschied. Man drückt den anderen an sich und man kann ihn dabei auch ein wenig unter den Armen kitzeln!

Dann besieht sich der Sandmann noch einmal seinen Renner. Ja, denkt er, saubere Arbeit, damit komme ich gut zur nächsten Station. Vor allem, wenn ich etwas langsamer fahre. Die Raupe hat Recht: Eile mit Weile!

Ein letztes Mal schaut der Sandmann zurück und winkt. Er hat noch viel zu tun. Wir aber gehen ins Bett. Und vielleicht ist der Sandmann jetzt schon auf dem Weg zu dir. Gute Nacht!

Zaubersand

Erzählt von Martina Maus

Backe, backe Kuchen ..." hört der Sandmann leise aus der Ferne. Die Kinder, die vom Spielplatz nach Hause gehen, singen fröhlich das Lied. Sie haben den ganzen Tag im Sandkasten gespielt. Es fährt sogar noch ein Schiff durch das Sandmeer.

Vielleicht bringt es ja Sandkuchen in alle Welt? Sogar bis in die Wüste? Dort ist es sehr heiß und es gibt viel mehr Sand als auf deinem Spielplatz. Ob der Sandmann wohl seinen Traumsandsack immer in der Wüste füllt?

Den Traumsandsack hat der Sandmann noch nie vergessen. Ohne ihn könnte er dir und allen Kindern ja auch gar nicht Gute Nacht sagen und schöne Träume bringen. Egal, wo du wohnst, ob du gern im Sandkasten spielst oder lieber kletterst.

Im Sandkasten gibt es viele Sandkörner und in der Wüste noch viel mehr. Sie sind so klein, dass der Wind sie tragen kann. Bei Sturm fliegen sie wild umher. Hoppla, der Wüstenwind will Sandmanns Mütze wegblasen!

Ein Sandsturm kommt auf. Gut, dass der Sandmann ein Tuch dabei hat, das er fest um den Kopf wickeln kann, wie einen Turban. Schon sind Augen und Mund geschützt vor den vielen kleinen Sandkörnern.

So plötzlich wie er begonnen hat, lässt der Sturm auch wieder nach.
Was aber ist das? Ein kleiner Sandberg mit einem Krater, wie seltsam!
Wer hat denn den gebaut? Als er in das Loch hineinschauen will,
kommt eine Sandwolke herausgepustet.

Der Sandmann traut seinen Augen nicht: Ein kleiner neugieriger Drache streckt seinen Kopf heraus und lugt über den Kraterrand. Er ruft :„Hallo Sandmann, komm zu mir herunter, schnell!"

Der Sandmann blinzelt, das Sandloch ist wieder leer. Kein kleiner neugieriger Drache mehr zu sehen. Hat er vielleicht selbst geträumt?
Er will nachschauen, und die Schaufel kann ihm sicher dabei helfen.

Mit Schwung schaufelt der Sandmann den Sand aus dem Krater. Wie jeden Tag um diese Zeit kommt das Wüstendromedar vorbei. Ohne Abendspaziergang geht es nie zu Bett. Überrascht schaut es herüber. Baut sich die Drachenfamilie ein neues Haus?

Der Sandmann zieht mit aller Kraft, uh, wie anstrengend! Geschafft! Vorsichtig hievt er die große Kiste über den Kraterrand. Hat der kleine neugierige Drache etwa einen Schatz gefunden und ihn nicht allein nach oben bringen können?

So schnell er kann, klettert der kleine neugierige Drache hinterher und auch das Dromedar will auf gar keinen Fall etwas verpassen. Eine Schatzkiste in der Wüste gibt es schließlich nicht jeden Tag.

Der Sandmann ist sich nicht sicher, ob er die Kiste einfach aufmachen soll. Doch der kleine Drache nickt ganz aufgeregt und auch das Dromedar gibt bedächtig lächelnd seine Zustimmung. Schnell hebt er den Deckel.

Es funkelt und glitzert. Vor Staunen müssen das Dromedar und der neugierige Drache erst einmal blinzeln. Es ist so hell, als wären Tausende Sternchen in der Kiste. Oder sind es Sandkörner?

Auch der Sandmann hat so etwas noch nie gesehen. Rote, blaue und gelbe Wüsten-Traumsandkörner, wie richtiger Zaubersand! Zufrieden suchen sich Drache und Dromedar ein weiches Wüstenbett und warten auf ihren ganz besonderen Traumsand.

Das war ein langer Tag. Auf seiner Sandkastenreise in die Wüste hat der Sandmann zwei neue Freunde und einen Schatz gefunden. Aus der Kiste mit dem ganz besonderen Traumsand pustet er heute auch dir etwas in die Äuglein. Gute Nacht!

Die Kleckser

Erzählt von Hannes Hüttner

Wisst ihr, was die Farbkleckse am liebsten tun? Am liebsten malen sie. Und wenn kein Maler da ist, der mit ihnen malt, dann malen sie eben selbst. Hier – auf dem großen Maltisch – sind drei Farbkleckse am Werk: Rotnik, Gelbchen und Blauke.

Gelbchen formt gelbe Kugeln. Wenn man gelbe Farbkugeln an die Wand wirft, gibt es herrliche gelbe Kleckse! Und wenn man dasselbe mit blauen Kugeln macht – he, wieso hat Blauke eine rote Augenbraue? Hat Rotnik die Hand im Spiel?

Jetzt ist Blauke nicht mehr blau, sondern rot und blau – und das geht natürlich nicht, denn wenn man das verrührt, dann ist Blauke mit einem Mal lila! Und dann heißt sie plötzlich ganz anders! Darüber kann sich Gelbchen totlachen!

Ein Glück, dass jetzt der Sandmann mit seinem Pinseldreirad ankommt. Er wird dafür sorgen, dass die Farbkleckse alle in ihren Tuben im Malkasten schlafen und nicht noch mehr Unfug passiert!

Ja, Blauke hat einen roten Spritzer – aber Rotnik auch einen blauen!
Da staunt der Sandmann nicht schlecht. Gelbchen aber bekommt
Angst. „Und was, wenn sie mich auch mit Farbe bewerfen?"

„Wenn ich einen roten Spritzer abkriege!", sagt Gelbchen, „dann halten mich alle für eine Apfelsine! Und wenn ich mit Blau verrührt werde, bin ich grün wie das Gras, wo ich doch Gelbchen bin!" Der Sandmann muss Gelbchen trösten.

Jetzt kommt auch noch Weißling aus der Tube gekrochen. „Ich will auch weiß bleiben und nicht rosa werden. Deswegen habe ich mich in der Tube versteckt! Weiß ist nämlich die schönste Farbe!"

„Wisst Ihr was?", sagt der Sandmann „Wir malen jetzt gemeinsam ein Bild. Jeder mit seiner Farbe. Habt ihr einen Vorschlag?" – „Ja", ruft Weißling, „hier ist ein Blatt mit einem Chamäleon. Ich male es weiß. Auf Weiß sieht man die bunten Farben besser!"

Jetzt malen sie alle. Das Chamäleon hat einen Kopf und einen Brustkorb und einen Bauch und einen langen, langen Schwanz und alles soll eine eigene Farbe bekommen. Rotnik malt den Kopf aus – nur das Auge bleibt weiß.

Blauke und Gelbchen malen jeder ein anderes Stück vom Chamäleon. Blauke malt die Brust und Gelbchen den langen Schwanz. Dazwischen lassen sie ein Stück frei. Welche Farbe soll der Bauch bekommen?

Für den Bauch stellen sich Blauke und Gelbchen zusammen. Der Sandmann kitzelt sie abwechselnd mit seinem Pinsel und verührt die Farben. Blau und Gelb zusammen ergibt Grün. Das Chamäleon bekommt einen schönen hellgrünen Bauch.

Der Sandmann hat plötzlich auch einen roten Spritzer am Kopf. Und einen blauen Tupfer auf der Jacke! Aber das Chamäleon ist fertig. Eigentlich würde mir eine blaue Jacke auch gut stehen, findet der Sandmann. Und rote Haare?

Das Chamäleon ist sehr bunt geworden. Es hat eine lange spitze Zunge. Die kann es aufrollen und dann aus dem Maul schießen lassen. Damit fängt es Fliegen. Doch für heute ist Schluss. Jetzt geht es ins Bett, nein, in die Tube.

Das Sandmännchen zwinkert den Farben zu. Das heißt: So, nun schlaft mal schön! Und da kriechen sie auch schon zurück und winken dem Sandmann müde zu. In der Tube träumen sie von den herrlichen Bildern, die sie noch malen werden.

Das Sandmännchen aber schwingt sich auf sein Pinseldreirad und tritt in die Pedalen. Es hat ja heute noch so viel zu tun, damit alle auf der bunten, weiten Welt gut schlafen können! Gute Nacht!

ISBN 978-3-7886-3164-2
© 2007 TESSLOFF VERLAG, Burgschmietstr. 2–4, 90419 Nürnberg
© 2007 MDR, rbb, TELEPOOL
Lizenz durch TELEPOOL